Impressum
Verlag: BABADADA GmbH, Nedderfeld 112 , 22529 Hamburg
Geschäftsführer / Verlagsleitung: Harald Hof
Druck: Books on Demand GmbH, In de Tarpen 42, 22848 Norderstedt

Imprint
Publisher: BABADADA GmbH, Nedderfeld 112 , 22529 Hamburg, Germany
Managing Director / Publishing direction: Harald Hof
Print: Books on Demand GmbH, In de Tarpen 42, 22848 Norderstedt

學校

de School

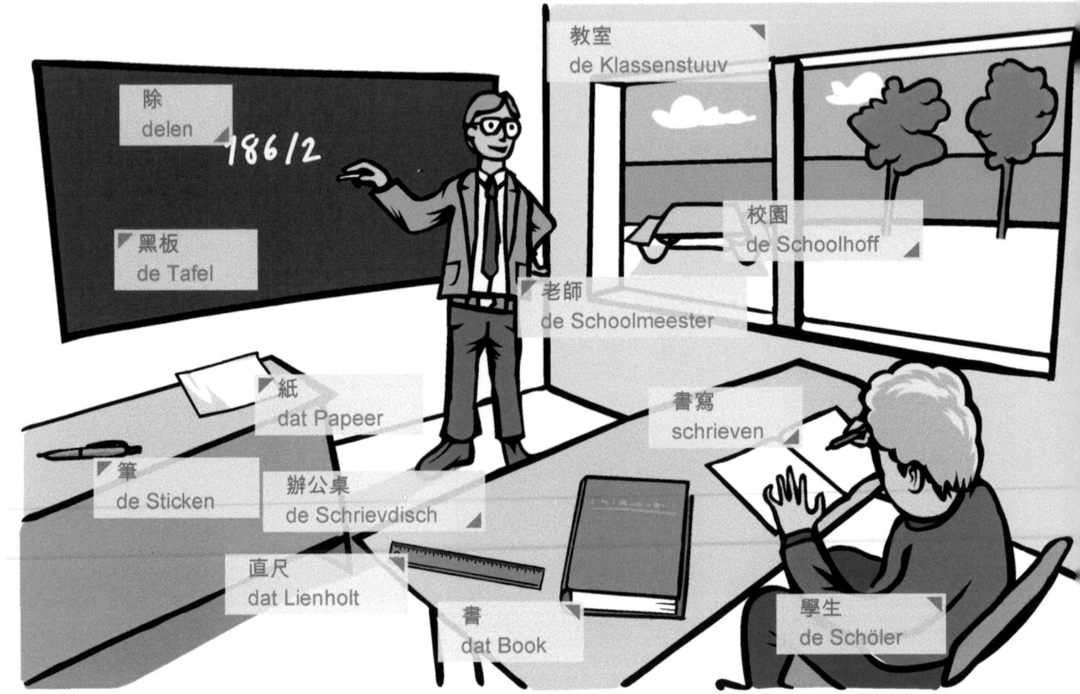

教室
de Klassenstuuv
除
delen
186/2
黑板
de Tafel
校園
de Schoolhoff
老師
de Schoolmeester
紙
dat Papeer
書寫
schrieven
筆
de Sticken
辦公桌
de Schrievdisch
直尺
dat Lienholt
書
dat Book
學生
de Schöler

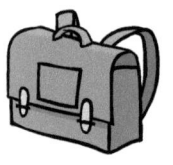

書包

de Ranzel

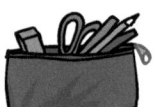

鉛筆盒

de Feddermapp

鉛筆

de Bleesticken

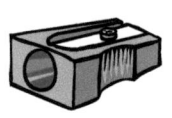

削鉛筆機

de Scharpmaker

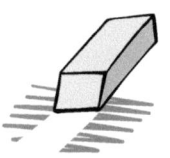

橡皮擦

dat Radeergummi

畫板

de Tekenblock

圖畫
de Teken

畫筆
de Pinsel

顏料盒
de Malkassen

剪刀
de Scheer

膠水
de Klever

練習冊
dat Heft to'n Öven

家庭作業
de Huusopgaav

12

數字
de Tall

2+2

加
tohooptellen

5-2

減
aftrecken

2×2

乘
malnehmen

計算
reken

A

字母
de Bookstaav

ABCDEFG
HIJKLMN
OPQRSTU
VWXYZ

字母表
dat ABC

hello

字
dat Woort

課文

de Text

讀

lesen

粉筆

de Kried

上課

de Stunn

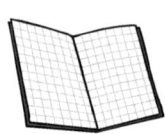

登記

dat Klassenbook

考試

de Pröven

證書

dat Tüügnis

校服

de Schooluniform

教育

de Utbillen

百科全書

dat Nakieksel

大學

de Universität

顯微鏡

dat Mikroskop

地圖

de Koort

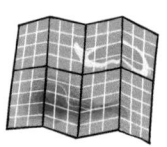

廢紙簍

de Papeerkorf

旅行

de Törn

飯店
dat Hotel
Grand
青年旅社
de Harbarg
ROOMS
外幣兌換處
de Wesselstuuv
EXCHANGE
手提箱
de Kuffer
汽車
dat Auto

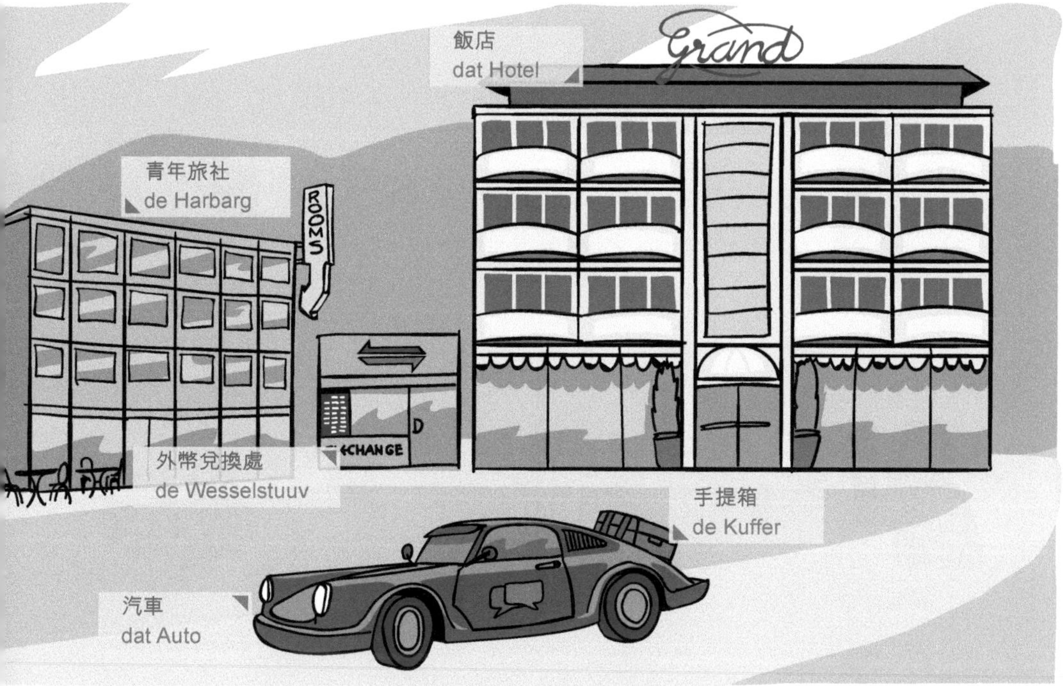

語言

de Spraak

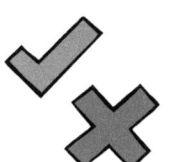

是/否

jo / ne

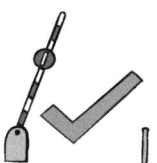

好的

Jo

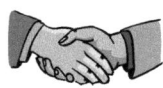

您好

Moin

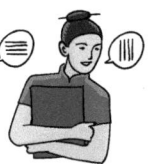

翻譯人員

de Översetter

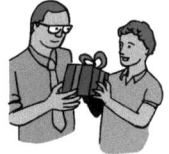

謝謝

Dank ok

……多少錢？

Wat kost…?

我不明白

Ik verstah nich

問題

dat Problem

晚上好！

Goden Avend

早上好！

Moin!

晚安！

Gode Nacht!

再見

Tschüüs

方向

de Richt

行李

de Bagaasch

包

de Tasch

背包

de Rüchsack

客人

de Gast

房間

de Stuuv

睡袋

de Slaapsack

帳篷

dat Telt

旅行資訊

e Touristeninformatschoon

海灘

de Strand

信用卡

de Kreditkoort

早餐

dat Fröhstück

午餐

dat Meddageten

晚餐

dat Avendeten

票

de Fohrkort

電梯

de Fohrstohl

郵票

de Breefmark

邊界

de Grenz

海關

de Toll

大使館

de Bottschop

簽證

dat Visum

護照

de Pass

飛機
de Fleger

船
dat Schipp

消防車
dat Füerwehrauto

卡車
de Lastwagen

公車
de Autobus

汽艇
dat Motoorboot

腳踏車
dat Fohrrad

汽車
dat Auto

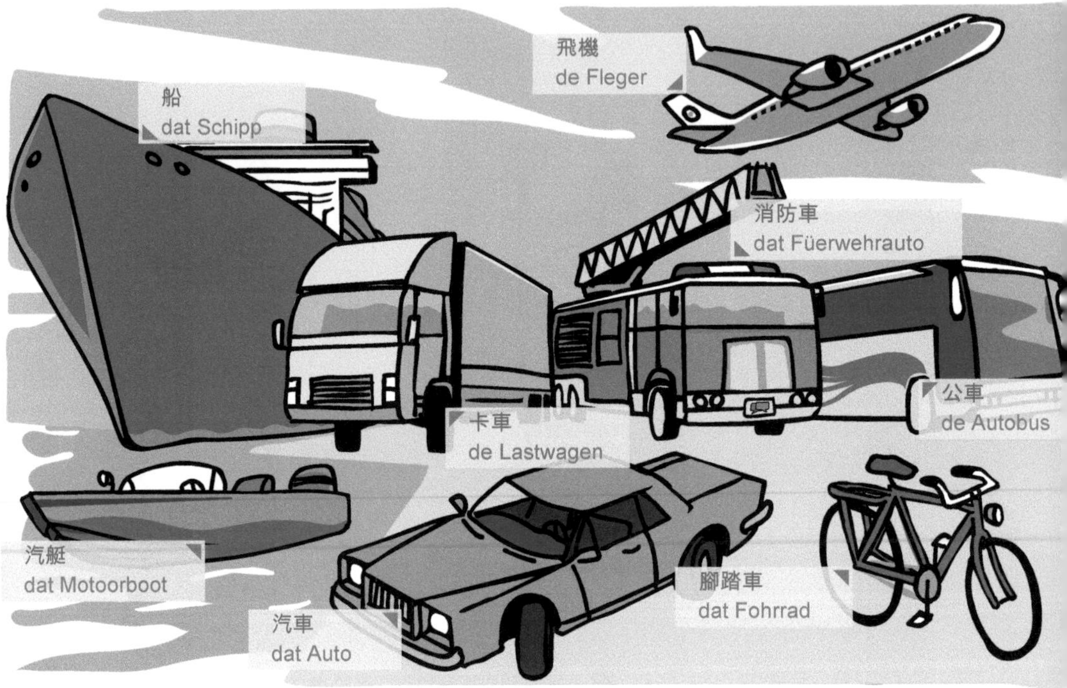

渡輪
de Fähr

小船
dat Boot

機車
dat Motoorrad

警車
dat Polizeiauto

賽車
dat Rönnauto

租車
de Lehnwagen

拼車
dat Carsharing

拖車
de Afsleepwagen

垃圾車
dat Müllauto

馬達
de Motoor

汽油
de Kraftstoff

加油站
de Tanksteed

交通標識
dat Verkehrsschild

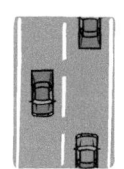

交通
de Verkehr

交通堵塞
de Stau

停車場
de Afstellplatz

火車站
de Bahnhoff

軌道
de Sporen

火車
de Tog

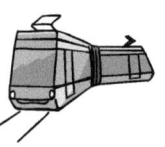

路面電車
de Stratenbahn

客車廂
de Wagon

直升機

de Dwarsmöhl

機場

de Flooghaven

塔

de Tower

乘客

de Fohrgast

集裝箱

de Grootkist

紙板箱

de Karton

手推車

de Koor

籃子

de Korf

起飛/降落

starten / lannen

城市

de Stadt

村莊

dat Dörp

市中心

de Binnenstadt

房子

dat Huus

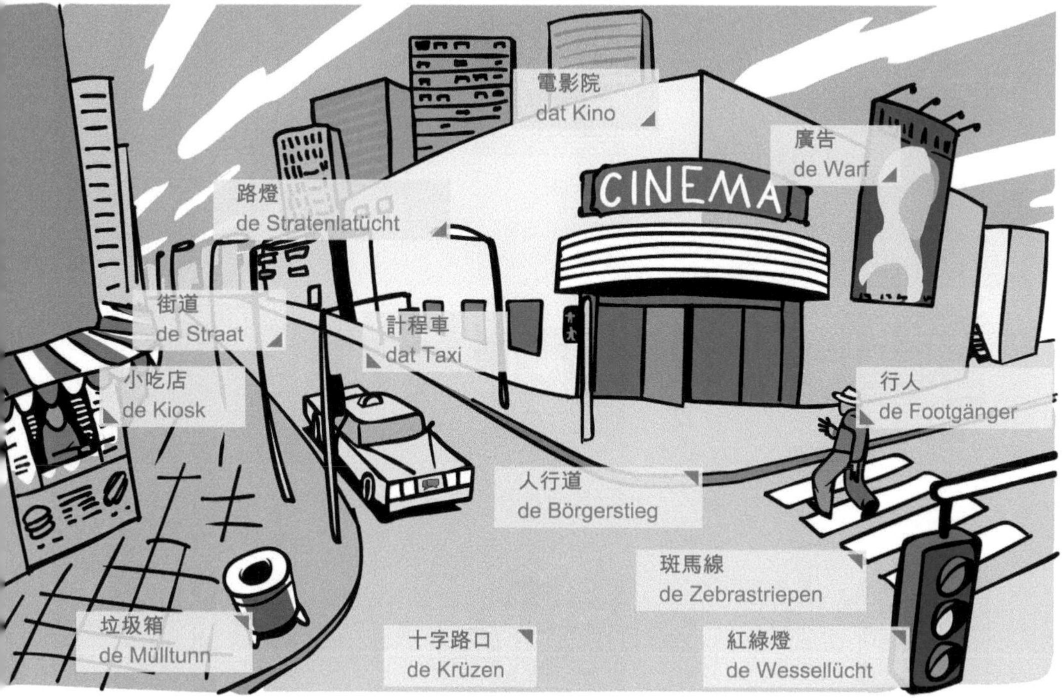

電影院
dat Kino
廣告
de Warf
CINEMA
路燈
de Stratenlatücht
街道
de Straat
計程車
dat Taxi
小吃店
de Kiosk
行人
de Footgänger
人行道
de Börgerstieg
斑馬線
de Zebrastriepen
垃圾箱
de Mülltunn
十字路口
de Krüzen
紅綠燈
de Wessellücht

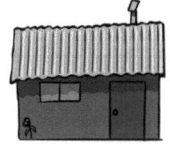

小屋

de Hütt

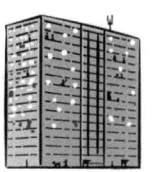

公寓

de Wahnung

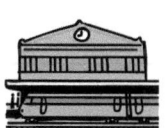

火車站

de Bahnhoff

市政廳

dat Raathuus

MUSEUM

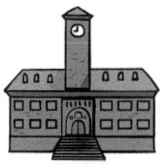

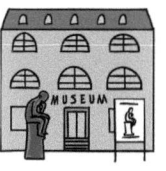

博物館

dat Museum

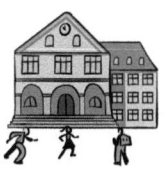

學校

de School

大學

de Universität

銀行

de Bank

醫院

dat Krankenhuus

飯店

dat Hotel

藥房

de Afteek

辦公室

dat Büro

書店

de Bookhökerie

商店

de Hökerie

花店

de Blomenhökerie

超市

de Supermarkt

市場

de Markt

百貨商店

dat Koophuus

魚店

de Fischhökerie

購物中心

dat Inkoopszentrum

海港

de Haven

公園
de Parkanlaag

長凳
de Bank

橋
de Brüch

樓梯
de Trepp

捷運
de Ünnergrundbahn

隧道
de Tunnel

公車站
de Busstoppsteed

酒吧
de Bar

餐館
dat Spieslokal

郵筒
de Breefkassen

路標
dat Stratenschild

停車計時器
de Parkklock

動物園
de Deertenpark

游泳池
de Baadanstalt

清真寺
de Moschee

農場

de Buernhoff

污染

de Ümweltversmudden

墓地

de Karkhoff

教堂

de Kark

操場

de Speelplatz

寺廟

de Tempel

地形
de Landschop

樹葉
dat Blatt

指示牌
de Wiespahl

路
de Weg

草地
de Wisch

徒步旅行者
de Wannerer

石頭
de Steen

樹
de Boom

河
de Fluss

草
dat Gras

花
de Bloom

峽谷
dat Daal

丘陵
de Barg

湖
de See

森林
dat Holt

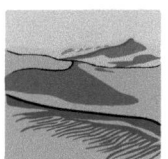

沙漠
de Wööst

火山
de Füerspien Barg

城堡
dat Slott

彩虹
de Regenbagen

蘑菇
de Poggenstohl

棕櫚樹
de Palm

蚊子
de Steekmück

蒼蠅
de Fleeg

螞蟻
de Miegeemk

蜜蜂
de Imm

蜘蛛
de Spinn

甲蟲

de Sebber

青蛙

de Pogg

松鼠

de Katteker

刺蝟

de Swienegel

野兔

de Haas

貓頭鷹

de Uul

鳥

de Vagel

天鵝

de Swaan

野豬

dat Wildswien

鹿

de Hirsch

麋鹿

de Elk

水壩

de Staudamm

風力發電機

dat Windrad

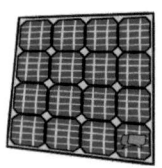

太陽能電池板

dat Solarmodul

氣候

dat Klima

服務生
de Kellner

菜譜
de Spieskoort

椅子
de Stohl

披薩餅
de Pizza

湯
de Supp

桌布
de Dischdeek

餐具
dat Bestick

前菜
de Vörspies

主菜
dat Haupteten

甜點
de Nadisch

飲料
de Drünk

食物
dat Eten

瓶子
de Buddel

速食

dat Fastfood

街邊小吃

dat Strateneten

茶壺

de Teekann

糖盒

de Zuckerdoos

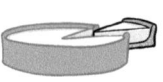

一份飯菜

de Portschoon

義式咖啡機

de Espressomaschien

高腳椅

de Hoochstohl

帳單

de Reken

托盤

dat Tablett

刀

dat Mess

餐叉

de Gavel

勺子

de Lepel

茶匙

de Teelepel

餐巾

dat Munddook

玻璃杯

dat Glas

餐館 - dat Spieslokal

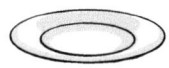

碟子
de Töller

湯盤
de Suppentöller

碟子
de Ünnertass

醬
de Sooß

鹽瓶
de Soltstreuer

胡椒研磨罐
de Pepermöhl

醋
de Etig

食用油
dat Ööl

調味料
de Krüder

番茄醬
de Ketchup

芥末
de Mostrich

美乃滋
de Mayonnaise

超市

de Supermarkt

特價
dat Anbott
FOR
顧客
de Kunn
乳製品
de Melkprodukten
水果
dat Aaft
購物車
de Inkoopswagen

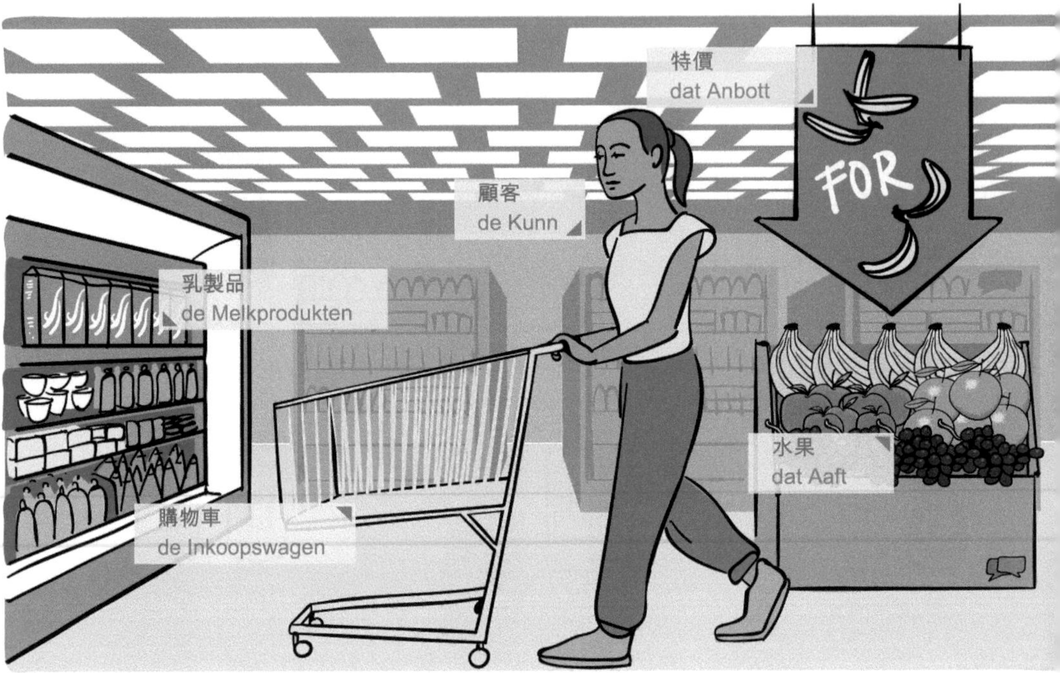

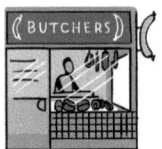

BUTCHERS

肉鋪

de Slachterie

BAKERY

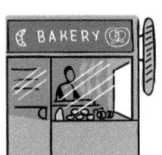

麵包店

de Bäckerie

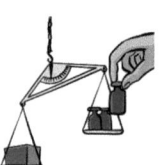

稱重

wegen

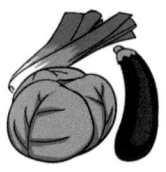

蔬菜

de Gröönsaken

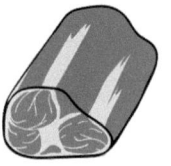

肉

dat Fleesch

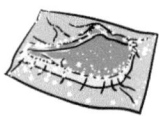

冷凍食品

de Deepköhlkost

冷盤

de Opsnitt

罐頭食品

de Konserven

洗衣粉

de Waschmiddel

甜食

de Snoopkraam

日用品

de Huushooltssaken

清潔用品

de Reinmaaktüüch

銷售員

de Verköpersche

收銀機

de Kass

收銀員

de Kasserer

購物清單

de Inkoopslist

開放時間

de Opsparrtieden

錢包

de Breeftasch

信用卡

de Kreditkoort

袋子

de Tasch

塑膠袋

de Plastiktüüt

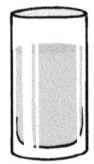

水
....
dat Water

果汁
....
de Saft

牛奶
....
de Melk

可樂
....
de Cola

紅酒
....
de Wien

啤酒
....
dat Beer

酒
....
de Spriet

可可
....
de Kakao

茶
....
de Tee

咖啡
....
de Koffie

義式濃縮咖啡
....
de Espresso

卡布奇諾
....
de Cappucino

香蕉

de Banaan

蘋果

de Appel

柳丁

de Appelsien

西瓜

de Meloon

檸檬

de Zitroon

胡蘿蔔

de Wöttel

大蒜

de Knuuvlook

竹子

de Bambus

洋蔥

de Zibbel

蘑菇

de Poggenstohl

堅果

de Nööt

麵條

de Nudeln

義大利麵

de Spaghetti

米飯

de Ries

沙拉

de Salat

薯條

de Pommes frites

炸馬鈴薯

de Braadkantüffeln

披薩餅

de Pizza

漢堡

de Hamborger

三明治

dat Sandwich

炸豬排

dat Snitzel

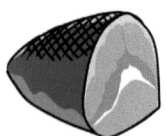

火腿

de Schinken

義大利臘腸

de Salami

香腸

de Wust

雞肉

dat Hohn

烤肉

de Braden

魚

de Fisch

24   食物 – dat Eten

燕麥片

de Haverflocken

木斯里

dat Müsli

玉米片

de Cornflakes

麵粉

dat Mehl

牛角麵包

de Croissant

麵包捲

dat Rundstück

麵包

dat Broot

吐司

dat Toast

餅乾

de Keksen

奶油

de Botter

凝乳

de Quark

蛋糕

de Koken

蛋

dat Ei

煎蛋

dat Spegelei

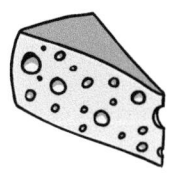

起司

de Kees

冰淇淋

de Ies

糖

de Zucker

果醬

de Marmelaad

巧克力醬

de Nougat-Creme

蜂蜜を表す画像

蜂蜜

de Honnig

咖哩

dat Curry

農場

de Buernhoff

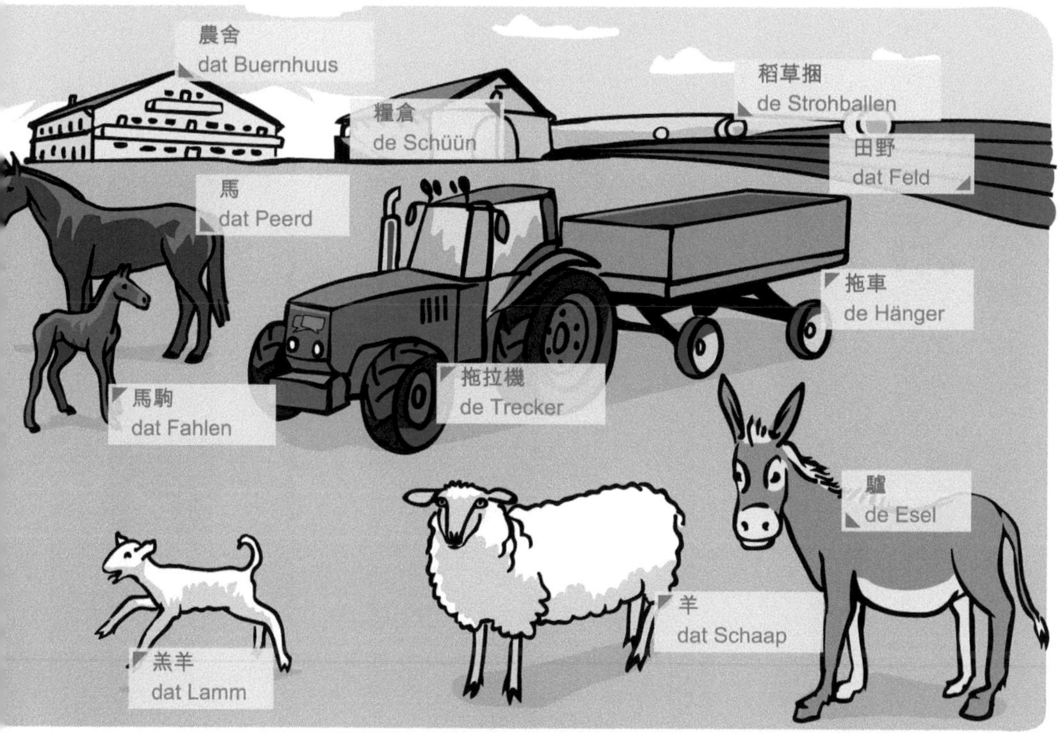

農舍
dat Buernhuus
稻草捆
de Strohballen
糧倉
de Schüün
田野
dat Feld
馬
dat Peerd
拖車
de Hänger
拖拉機
de Trecker
馬駒
dat Fahlen
驢
de Esel
羊
dat Schaap
羔羊
dat Lamm

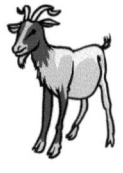

山羊

de Zeeg

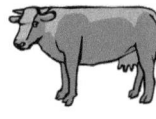

奶牛

de Koh

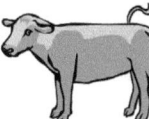

小牛

dat Kalf

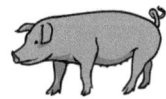

豬

dat Swien

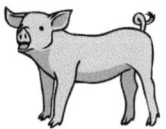

小豬

dat Farken

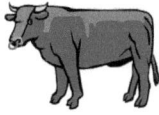

公牛

de Bull

鵝

de Goos

鴨

de Aant

小雞

dat Küken

母雞

dat Hohn

公雞

de Hahn

鼠

de Rott

貓

de Katt

老鼠

de Muus

牛

de Oss

狗

de Hund

狗屋

de Hunnenhütt

花園澆水軟管

de Goornslauch

澆水壺

de Geetkann

長柄大鐮刀

de Lee

犁

de Ploog

鐮刀

de Sich

鋤頭

de Hack

長柄草耙

de Mestfork

斧頭

de Ext

獨輪手推車

de Schuufkoor

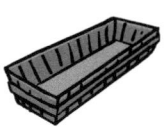

飼料槽

de Trog

牛奶罐

de Melkkann

麻布袋

de Sack

柵欄

de Tuun

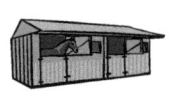

馬廄

de Stall

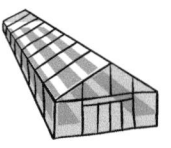

溫室

dat Drievhuus

土壤

de Bodden

種子

de Saat

肥料

de Dünger

聯合收割機

de Meihdöscher

收割

oornen

收割

de Oorn

地瓜

de Yamswöttel

小麥

de Weten

大豆

dat Soja

土豆

de Kantüffel

玉米

de Törksche Weten

油菜籽

de Rapp

果樹

de Aaftboom

樹薯

de Troopsch Kantüffel

穀物

dat Koorn

房子
dat Huus

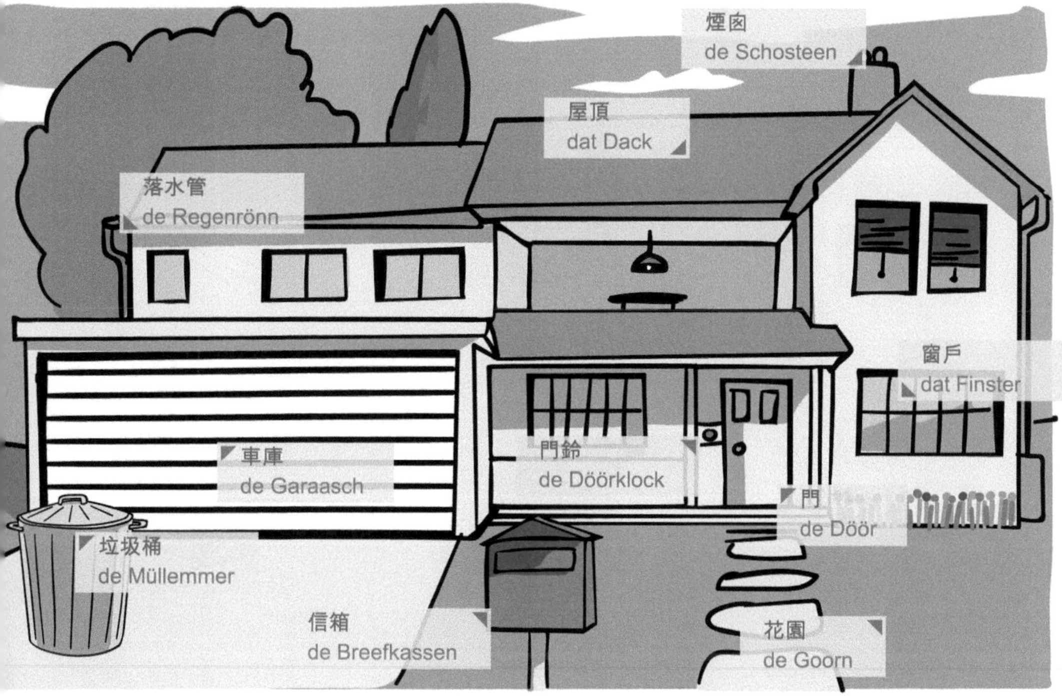

煙囪
de Schosteen
屋頂
dat Dack
落水管
de Regenrönn
窗戶
dat Finster
車庫
de Garaasch
門鈴
de Döörklock
門
de Döör
垃圾桶
de Müllemmer
信箱
de Breefkassen
花園
de Goorn

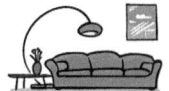

客廳
de Wahnstuuv

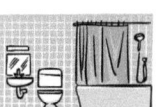

浴室
de Baadstuuv

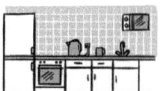

廚房
de Köök

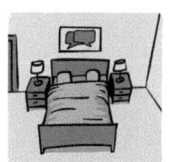

臥室
de Slaapstuuv

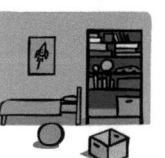

兒童房
de Kinnerstuuv

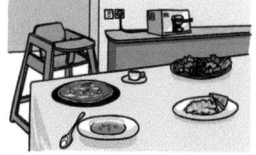

餐廳
de Eetstuuv

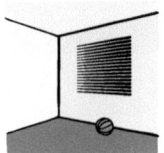

地板

de Footbodden

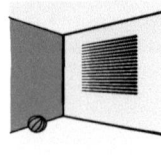

牆壁

de Wand

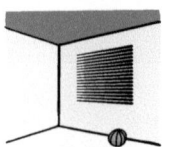

天花板

de Deek

地窖

de Keller

三溫暖

dat Hittluftbad

陽臺

de Balkon

露臺

de Terrass

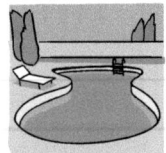

游泳池

dat Swümmbad

割草機

de Rasenmeiher

被單

de Bettbetog

床罩

de Bettdeek

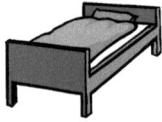

床

de Puuch

掃帚

de Bessen

水桶

de Emmer

開關

de Schalter

de Wahnstuuv

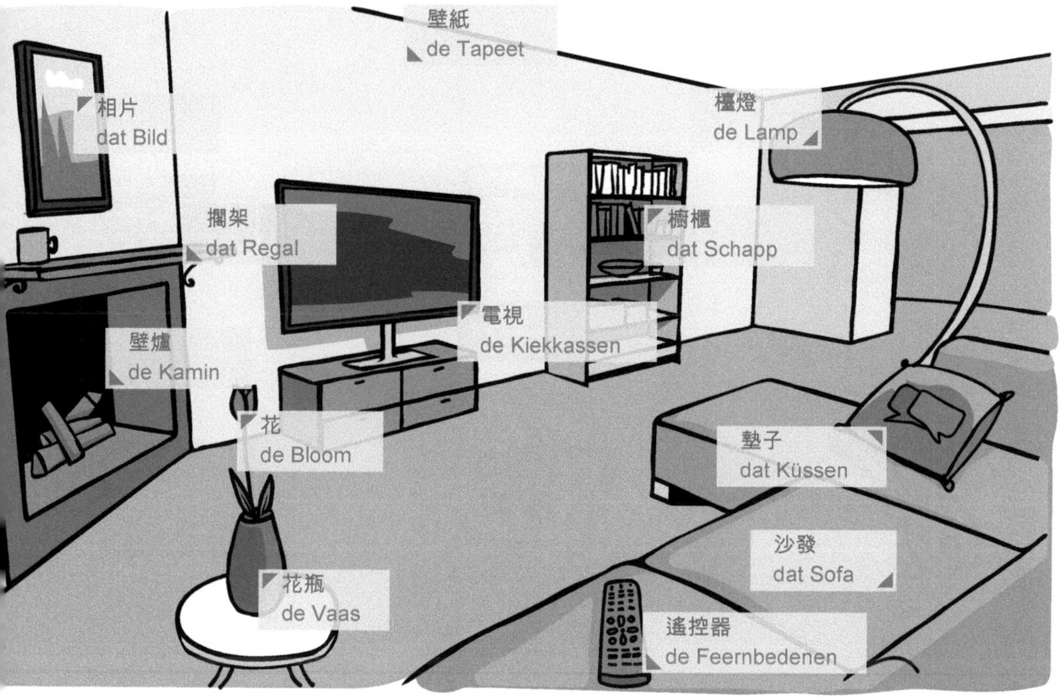
壁紙
de Tapeet
相片
dat Bild
檯燈
de Lamp
擱架
dat Regal
櫥櫃
dat Schapp
電視
de Kiekkassen
壁爐
de Kamin
花
de Bloom
墊子
dat Küssen
沙發
dat Sofa
花瓶
de Vaas
遙控器
de Feernbedenen

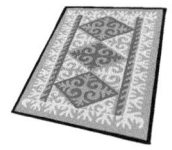

地毯

de Teppich

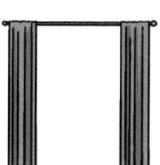

窗簾

de Vörhang

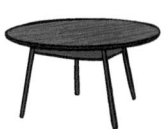

餐桌

de Disch

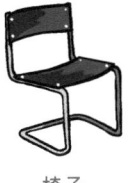

椅子

de Stohl

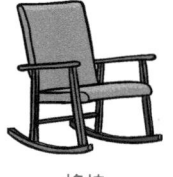

搖椅

de Schuckelstohl

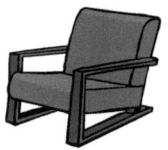

扶手椅

de Sessel

書
dat Book

毯子
de Deek

裝飾品
de Dekoratschoon

木柴
dat Füerholt

電影
de Film

高傳真音響
de Stereoanlaag

鑰匙
de Slötel

報紙
dat Narichtenblatt

油畫
dat Gemälde

海報
dat Poster

收音機
dat Radio

筆記本
de Opschrievblock

吸塵器
de Huulbessen

仙人掌
de Kaktus

蠟燭
de Kars

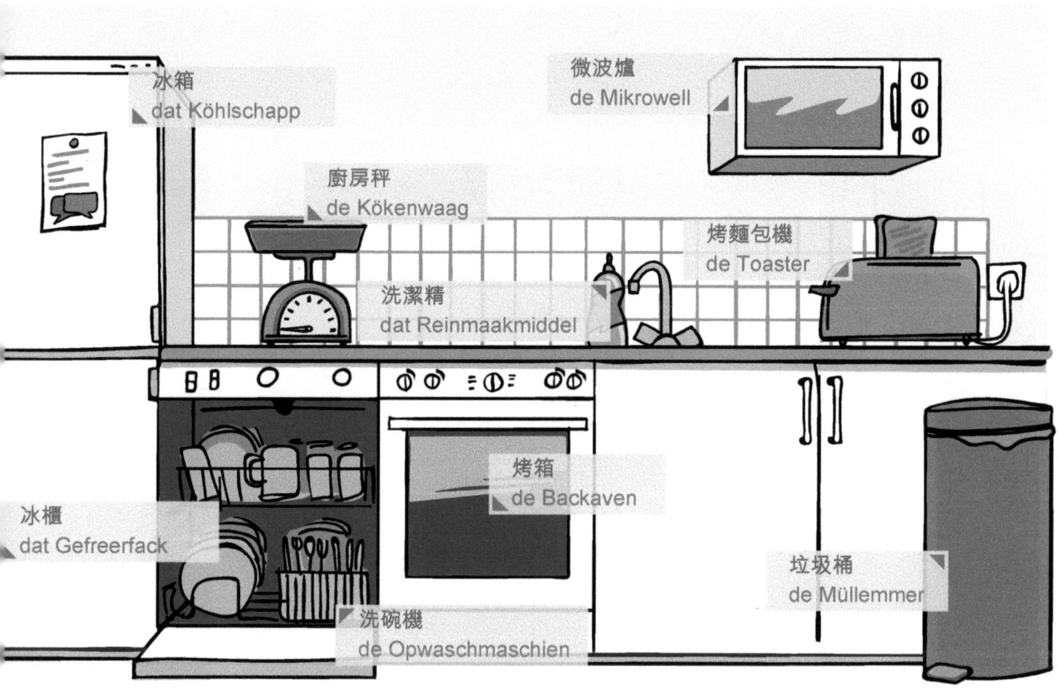

微波爐
de Mikrowell

冰箱
dat Köhlschapp

廚房秤
de Kökenwaag

烤麵包機
de Toaster

洗潔精
dat Reinmaakmiddel

烤箱
de Backaven

冰櫃
dat Gefreerfack

垃圾桶
de Müllemmer

洗碗機
de Opwaschmaschien

炊具
de Heerd

鍋
de Pott

鑄鐵鍋
de Gussiesern Putt

炒鍋
de Wok / Kadai

平底鍋
de Pann

水壺
de Waterkaker

蒸鍋

de Dampkaakputt

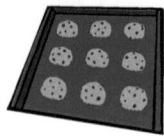

烤盤

dat Backblick

陶瓷鍋

dat Geschirr

馬克杯

de Beker

碗

de Schaal

筷子

de Eetsticken

長柄勺

de Suppenkell

鏟子

de Pannenwenner

攪拌器

de Sneebessen

濾網

dat Kaakseef

篩子

dat Seef

磨碎機

de Riev

研缽

de Mörser

燒烤

de Grill

明火

de Füerstell

菜板
dat Sniedbrett

擀麵杖
dat Nudelholt

開瓶器
de Proppentrecker

罐子
de Doos

開罐器
de Dosenaapner

隔熱手套
de Pottlappen

水槽
dat Waschbecken

刷子
de Böst

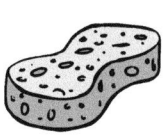

海綿
de Swamm

攪拌機
de Mixer

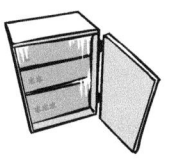

冷藏箱
dat Iesschapp

奶瓶
de Nuckelbuddel

水龍頭
de Waterhahn

浴室

de Baadstuuv

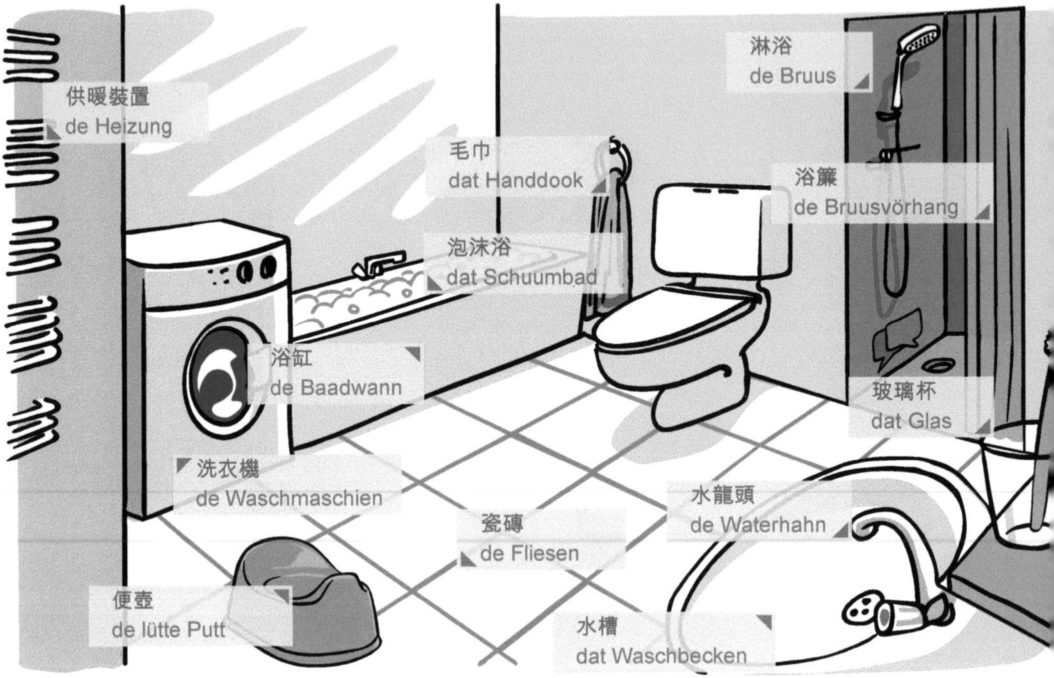

淋浴
de Bruus
供暖裝置
de Heizung
毛巾
dat Handdook
浴簾
de Bruusvörhang
泡沫浴
dat Schuumbad
浴缸
de Baadwann
玻璃杯
dat Glas
洗衣機
de Waschmaschien
水龍頭
de Waterhahn
瓷磚
de Fliesen
便壺
de lütte Putt
水槽
dat Waschbecken

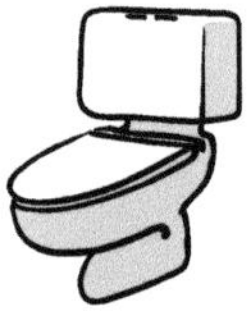

廁所

de Tante Meier

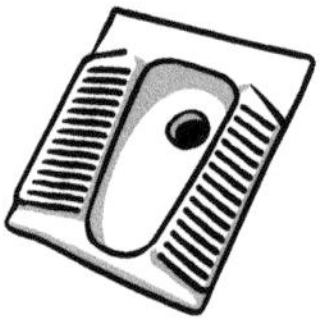

蹲便器

de Hockklo

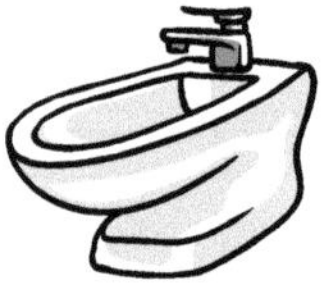

坐浴器

dat Bidet

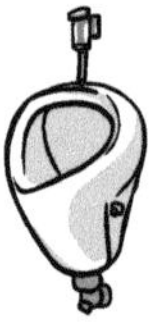

小便斗

dat Miegbecken

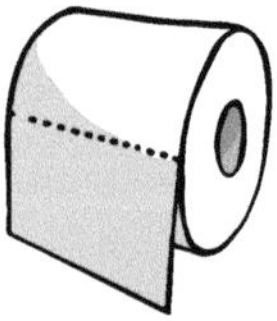

廁紙

dat Klopapeer

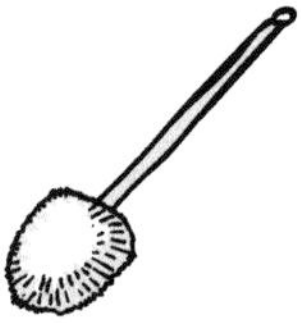

馬桶刷

de Kloböst

牙刷
de Tähnböst

牙膏
de Tähnpast

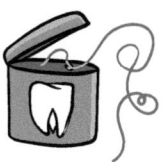

牙線
de Tähnsied

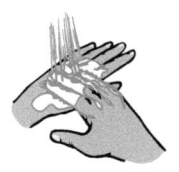

洗
waschen

手持式蓮蓬頭
de Handbruus

沖洗器
de Intimbruus

洗臉盆
de Waschschöttel

洗背刷
de Rüchböst

肥皂
de Seep

沐浴露
dat Bruusgeel

洗髮乳
dat Hoorwaschmiddel

法蘭絨
de Waschlappen

排水
de Afloop

乳霜
de Creme

除臭劑
dat Deodorant

鏡子

de Spegel

手鏡

de Kosmetikspegel

刮鬍刀

de Raserer

刮鬍泡沫

de Raseerschuum

鬍後水

dat Raseerwater

梳子

de Kamm

刷子

de Böst

吹風機

de Hoordröger

噴髮定型劑

dat Hoorspray

化妝品

de Smink

唇膏

de Lippensticken

指甲油

de Nagellack

化妝棉

de Watt

指甲剪

de Nagelscheer

香水

dat Rüükwater

洗漱包

de Kulturbüdel

凳子

de Schemel

計重秤

de Waag

浴袍

de Baadmantel

橡膠手套

de Gummihanschen

衛生棉條

de Tampon

衛生棉

de Damenbinn

化學廁所

dat Chemieklo

兒童房

de Kinnerstuuv

鬧鐘
de Wecker
毛絨玩具
dat Knudeldeert
玩具車
dat Speeltüüchauto
撥浪鼓
de Klöter
玩具屋
dat Poppenhuus
禮物
dat Geschenk

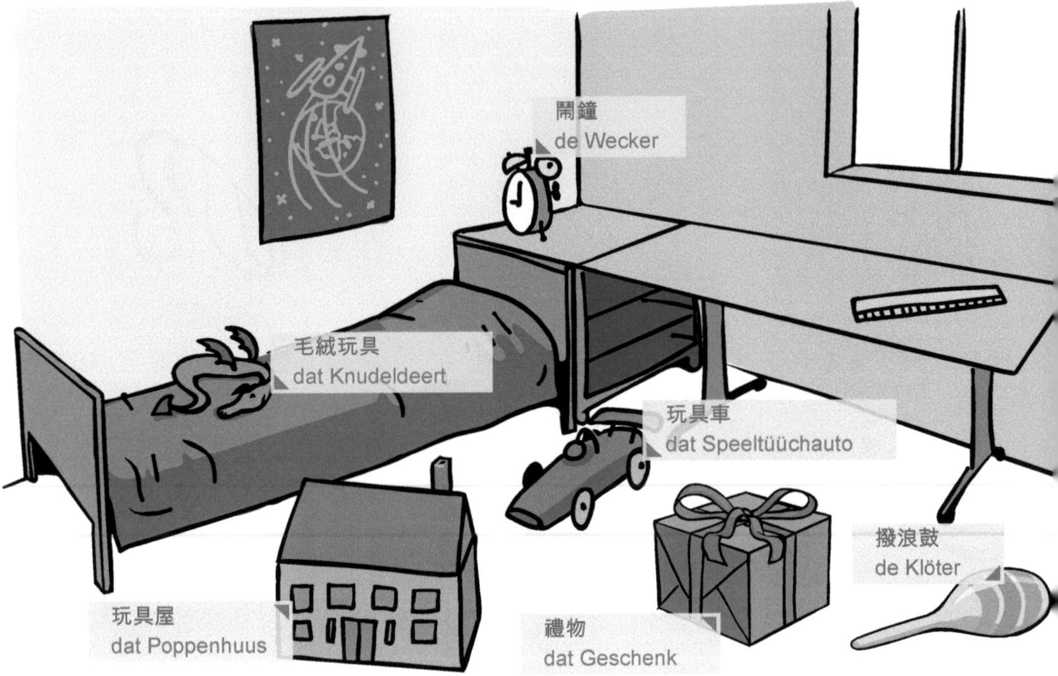

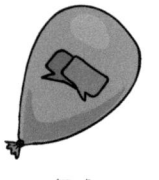

氣球

de Luftballon

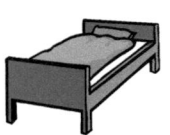

床

de Puuch

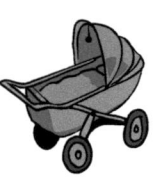

嬰兒車

de Kinnerwagen

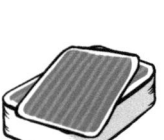

撲克牌

dat Koortenspeel

拼圖

dat Puzzle

SUPER
MEGA

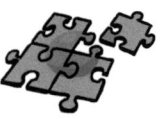

漫畫

de Billergeschicht

樂高積木

de Legostenen

積木玩具

de Bustenen

公仔

de Action-Figur

嬰兒服

de Strampelantog

飛盤

de Frisbeeschiev

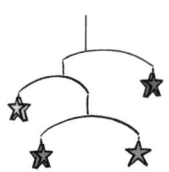

床鈴玩具

dat Mobile

棋盤遊戲

dat Brettspeel

骰子

de Wörpel

火車模型

de Modelliesenbahn

安撫奶嘴

de Snuller

派對

de Party

繪本

dat Billerbook

球

de Ball

洋娃娃

de Popp

玩

spelen

沙坑

de Sandkassen

鞦韆

de Schuckel

玩具

dat Speeltüüch

電玩遊戲

de Speelkonsool

三輪車

dat Dreerad

泰迪熊

de Teddyboor

衣櫃

dat Klederschapp

衣服

dat Tüüch

襪子

de Socken

長襪

de Strümp

緊身褲

de Strumpbüx

圍巾
dat Halsdook

雨傘
de Paraplü

T恤
dat T-Shirt

皮帶
de Liefreem

靴子
de Stevel

拖鞋
de Puuschen

運動鞋
de Turnschoh

涼鞋
de Sandalen

鞋
de Schoh

雨靴
de Gummistevel

內褲
de Ünnerbüx

胸罩
de Bostholler

背心
dat Ünnerhemd

衣服 - dat Tüüch

45

身體

de Lief

褲子

de Büx

牛仔褲

de Jeansnüx

短裙

de Rock

女式襯衫

de Bluus

襯衫

dat Hemd

套頭衫

de Pullover

連帽上衣

de Kapuzenpullover

西裝夾克

de Blazer

夾克

de Jack

外套

de Mantel

雨衣

de Övertrecker

套裝

dat Kostüm

連衣裙

dat Kleed

婚紗

dat Hochtietskleed

衣服 – dat Tüüch

西裝

de Antog

睡袍

dat Nachtkleed

睡衣

de Slaapantog

莎麗

de Sari

頭巾

dat Koppdook

包頭巾

de Turban

波卡

de Burka

卡夫坦

de Kaftan

(阿拉伯式)長袍

de Abaya

泳衣

de Baadantog

男式泳褲

de Baadbüx

短褲

de Korte Büx

運動服

de Antog to'n Öven

圍裙

de Schört

手套

de Handschoh

鈕扣

de Knopp

眼鏡

de Brill

手鏈

dat Armband

項鍊

de Halskeed

戒指

de Ring

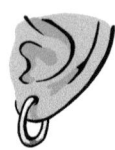

耳環

de Ohrbummel

便帽

de Mütz

衣架

de Klederbögel

帽子

de Hoot

領帶

de Binner

拉鍊

de Rietslüter

安全帽

de Helm

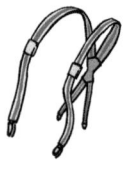

背帶

dat Drachtband

校服

de Schooluniform

制服

de Uniform

圍兜

de Severböten

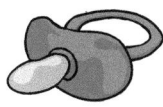

安撫奶嘴

de Snuller

尿布

de Winnel

辦公室
dat Büro

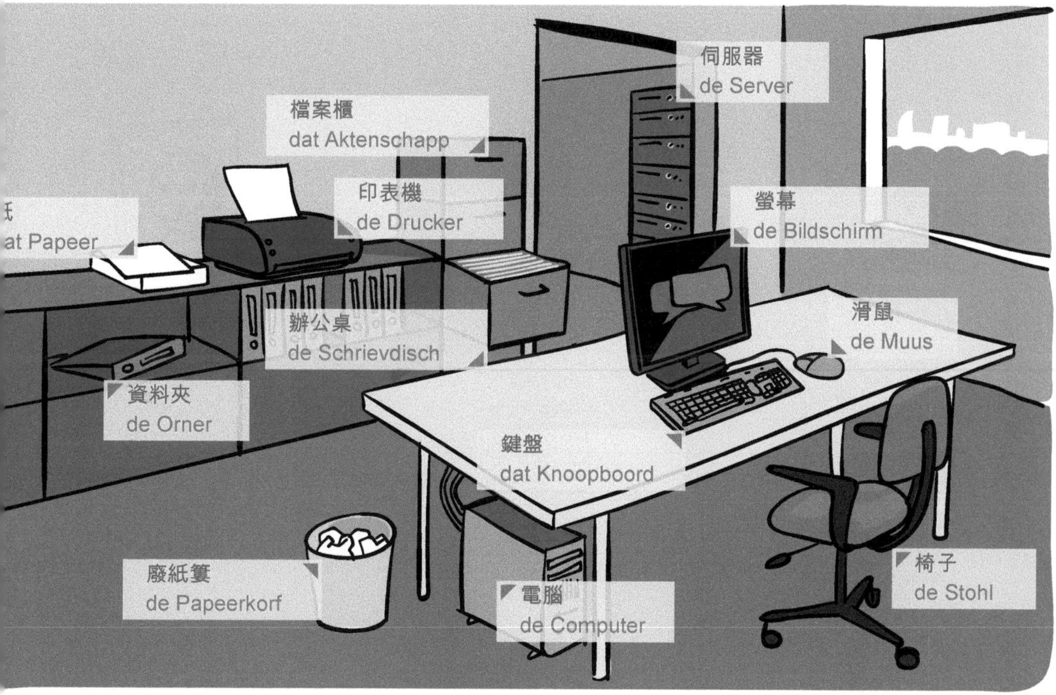

伺服器
de Server

檔案櫃
dat Aktenschapp

印表機
de Drucker

螢幕
de Bildschirm

紙
at Papeer

辦公桌
de Schrievdisch

滑鼠
de Muus

資料夾
de Orner

鍵盤
dat Knoopboord

廢紙簍
de Papeerkorf

電腦
de Computer

椅子
de Stohl

咖啡杯

de Koffiebeker

計算機

de Taschenreekner

網際網路

dat Internet

筆記型電腦
de Klappreekner

信件
de Breef

簡訊
de Naricht

行動電話
de Ackersnacker

網路
dat Nettwark

影印機
de Kopeerapparat

軟體
de Software

電話
de Klöönkassen

插座
de Steekdoos

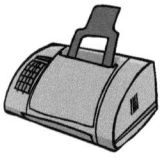

傳真機
de Faxapparat

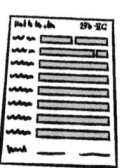

表格
dat Formulor

檔案
dat Dokument

de Weertschop

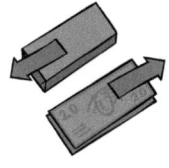

買
köpen

付錢
betahlen

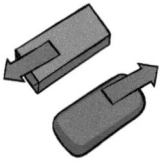

交易
hanneln

現金
dat Geld

USD

美元
de Dollar

EUR

歐元
de Euro

JPY

日元
de Yen

RUB

盧布
de Ruvel

CHF

瑞士法郎
de Swiezer Franken

CNY

人民幣
de Renminbi Yuan

INR

盧比
de Rupie

提款處
de Geldautomat

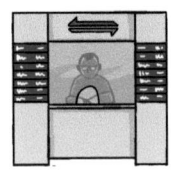

外幣兌換處

de Wesselstuuv

金

dat Gold

銀

dat Sülver

石油

dat Ööl

能源

de Energie

價格

de Pries

合約

de Verdrag

稅金

de Stüer

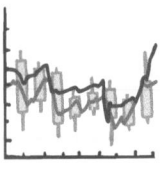

股票

de Andeelschien

工作

arbeiden

職員

de Anstellte

老闆

de Arbeitgever

工廠

de Fabrik

商店

de Hökerie

職業
de Profeschonen

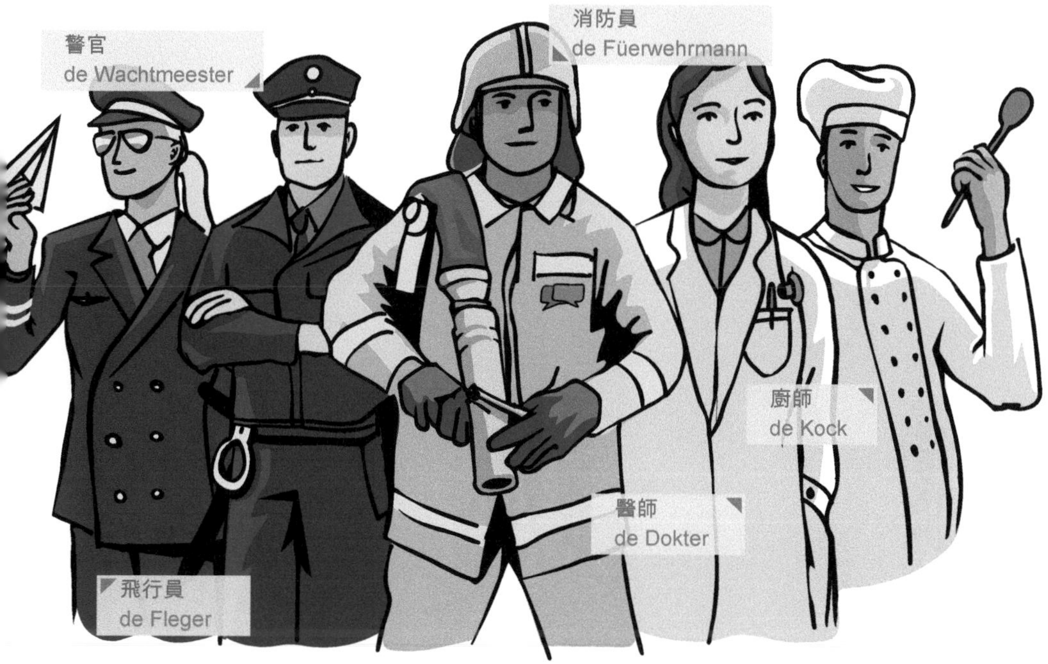
警官
de Wachtmeester
消防員
de Füerwehrmann
廚師
de Kock
醫師
de Dokter
飛行員
de Fleger

園丁

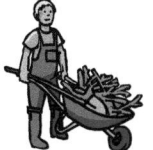

de Goorner

木匠

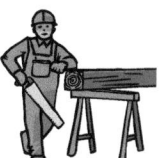

de Discher

裁縫

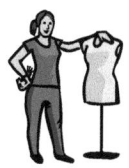

de Neihersche

法官

de Richter

化學家

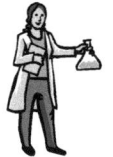

de Chemiker

演員

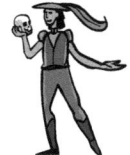

de Schauspeler

公車司機

de Busfohrer

計程車司機

de Taxifohrer

漁夫

de Fischer

清洗女工

de Reinmaakfru

屋頂工

de Dackdecker

服務生

de Kellner

獵人

de Jäger

畫家

de Maler

麵包師

de Bäcker

電工

de Elektriker

建築工人

de Buarbeider

工程師

de Ingenieur

屠夫

de Slachter

水管工

de Klempner

郵差

de Postbüdel

士兵
de Suldat

建築師
de Architekt

收銀員
de Kasserer

花農
de Florist

理髮師
de Putzbüdel

售票員
de Schaffner

機械技師
de Mechaniker

船長
de Kaptein

牙醫
de Tähndokter

科學家
de Wetenschopler

拉比
de Rabbi

伊瑪目
de Imam

和尚
de Mönk

牧師
de Paap

工具
dat Warktüüch

鐵錘
de Hamer
鉗子
de Tang
螺絲起子
de Schruvendreiher
扳手
de Schruvenslötel
手電筒
de Taschenlam

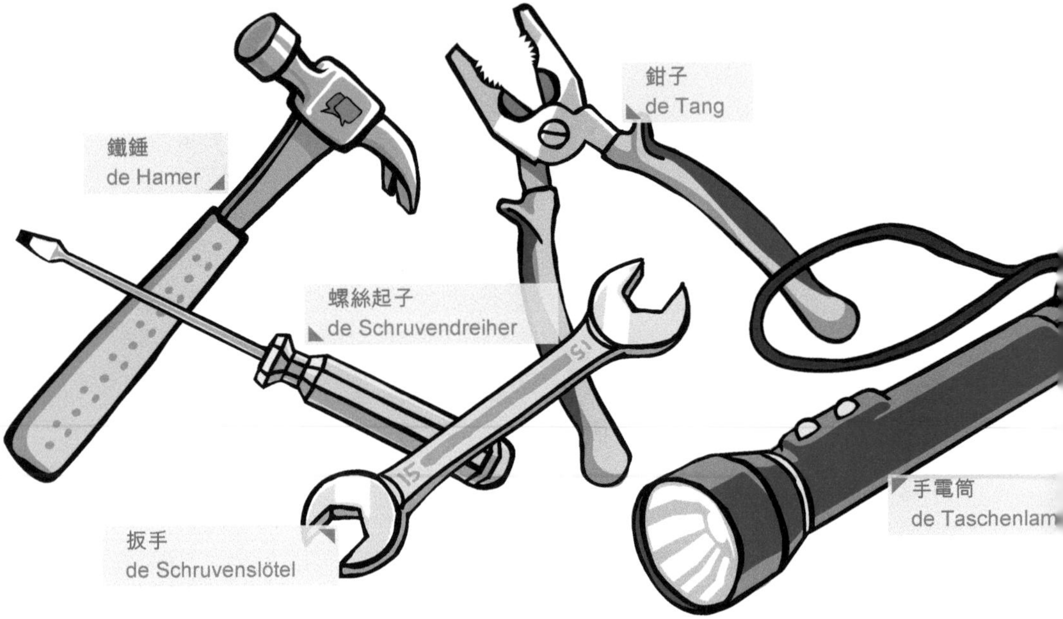

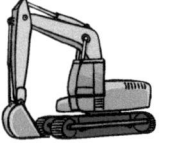

挖掘機

de Grieper

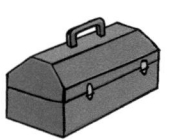

工具箱

de Warktüüchkassen

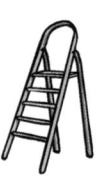

梯子

de Ledder

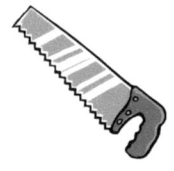

鋸子

de Saag

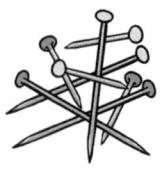

釘子

de Nagels

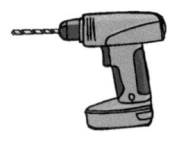

鑽機

de Bohrer

修
heelmaken

鏟子
de Schüffel

糟糕！
Schiet!

畚箕
dat Kehrblick

油漆桶
de Farvpott

螺絲
de Schruven

de Musikinstrumenten

打擊樂器
dat Slagtüüch

揚聲器
de Luutsnacker

吉他
de Rietfiedel

低音提琴
de Bass-Vigelien

小號
de Trumpeet

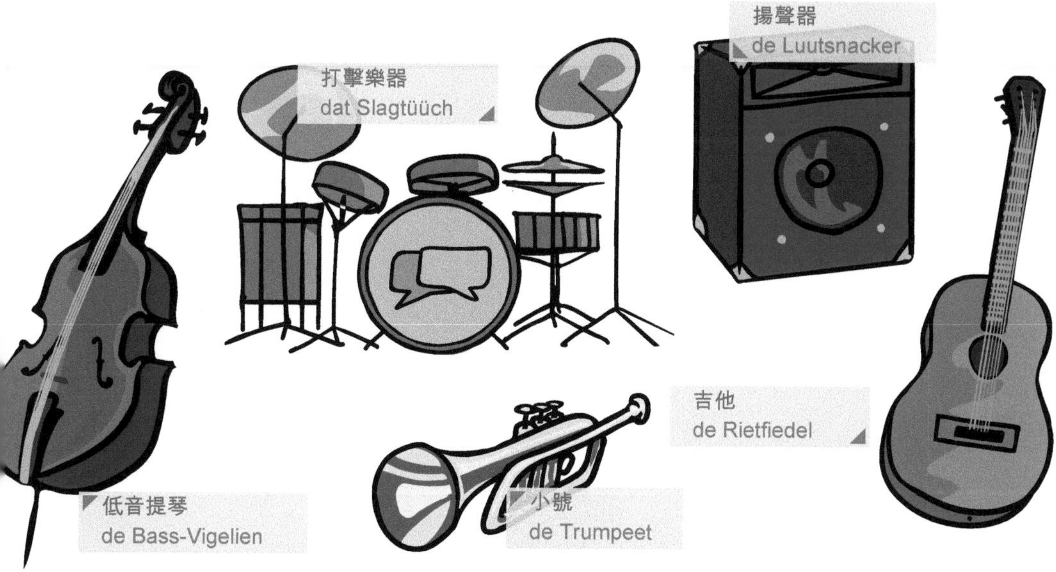

鋼琴

dat Klaveer

小提琴

de Vigelien

貝斯

de Bass

定音鼓

de Pauk

鼓

de Trummeln

電子琴

dat Keyboard

薩克斯風

dat Saxophon

長笛

de Fleut

麥克風

dat Mikrofoon

動物園

de Deertenpark

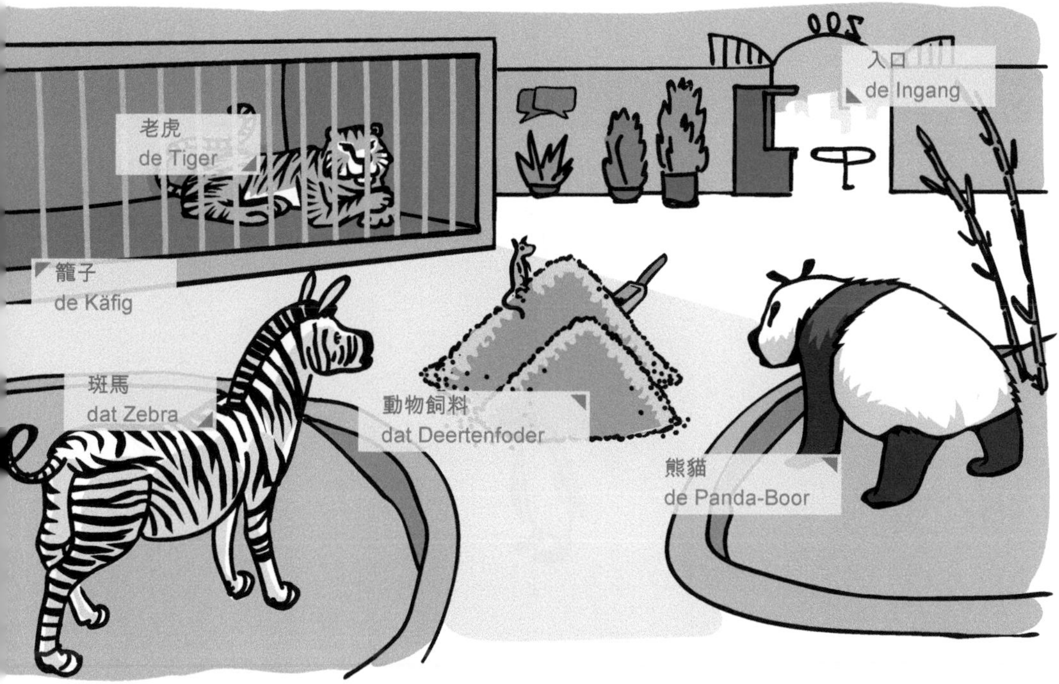
老虎
de Tiger
入口
de Ingang
籠子
de Käfig
斑馬
dat Zebra
動物飼料
dat Deertenfoder
熊貓
de Panda-Boor

動物

de Deerten

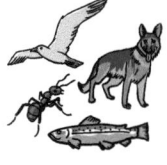

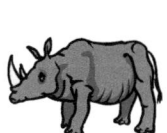

大象

de Elefant

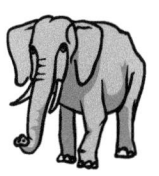

袋鼠

dat Känguru

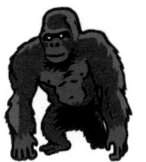

犀牛

dat Neeshoorn

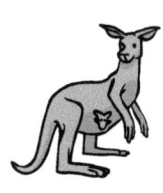

大猩猩

de Gorilla

熊

de Boor

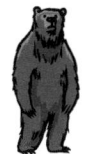

駱駝

dat Kameel

鴕鳥

de Struuß

獅子

de Lööv

猴子

de Aap

紅鶴

de Flamingo

鸚鵡

de Papagoi

北極熊

de Iesboor

企鵝

de Pinguin

鯊魚

de Haifisch

孔雀

de Pageluun

蛇

de Slang

鱷魚

dat Krokodil

動物園管理員

de Oppasser in'n
Deertenpark

海豹

de Saalhund

美洲豹

de Jaguor

矮種馬

dat Pony

豹

de Leopard

河馬

dat Nilpeerd

長頸鹿

de Giraff

老鷹

de Aadler

野豬

dat Wildswien

魚

de Fisch

龜

de Schildkrööt

海象

dat Walross

狐狸

de Voss

羚羊

de Gazell

橡欖球
de Amerikaansch Football

騎腳踏車
dat Radfohren

網球
dat Tennis

籃球
de Korfball

游泳
dat Swümmen

拳擊
dat Boxen

冰球
dat Ieshockey

美式足球
de Football

羽毛球
dat Fedderball

田徑
de Leichtathletik

手球
de Handball

滑雪
dat Skilopen

馬球
dat Polo

跳
springen

擁抱
ümarmen

笑
lachen

走路
gahn

唱
singen

做夢
drömen

祈禱
beden

親吻
snuteln

書寫
schrieven

畫
teken

展示
wiesen

推
drücken

給
geven

拿
nehmen

有
....
hebben

做
....
doon

當
....
sien

站
....
stahn

跑
....
lopen

拉
....
trecken

丟
....
smieten

摔倒
....
fallen

躺
....
liggen

等待
....
töven

攜帶
....
dregen

坐
....
sitten

穿衣
....
antrecken

睡覺
....
slapen

醒來
....
opwaken

看
ankieken

哭
wenen

擊
eien

梳頭
kämmen

交談
snacken

明白
verstahn

問
fragen

聽
hören

喝
drinken

吃
eten

清理
oprümen

愛
leefhebben

做飯
kaken

開車
fohren

飛
flegen

航行

segeln

計算

reken

讀

lesen

學習

lehren

工作

arbeiden

結婚

de Plünnen tohoopsmieten

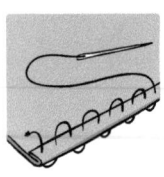

縫

neihen

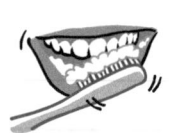

刷牙

Tähnen putzen

殺

dootmaken

抽菸

smöken

寄

schicken

家
de Familje

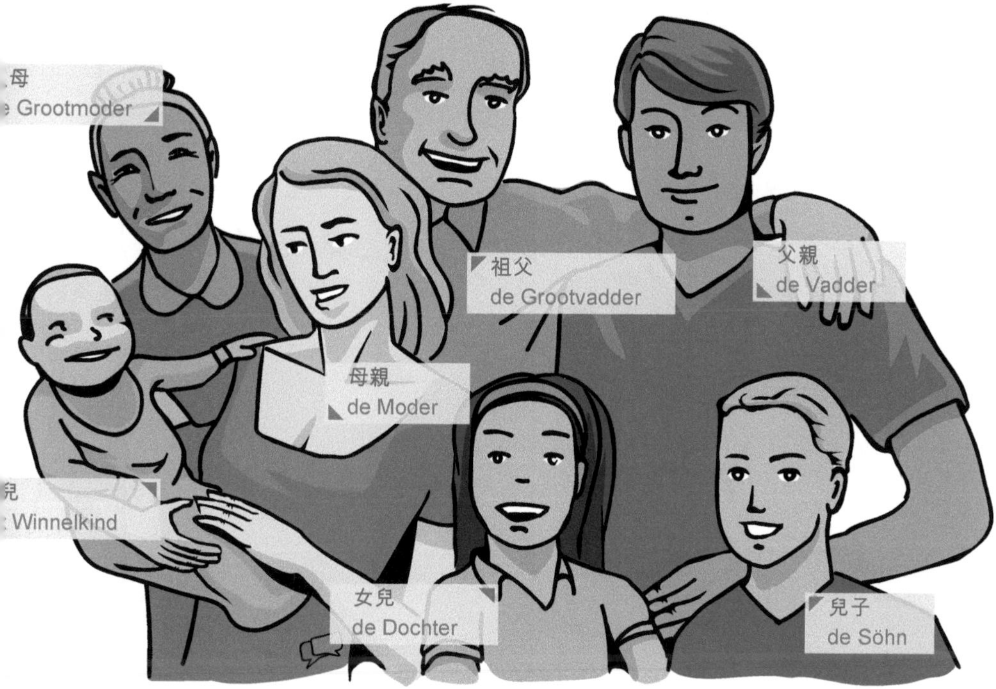

母
Grootmoder
祖父
de Grootvadder
父親
de Vadder
母親
de Moder
兒
Winnelkind
女兒
de Dochter
兒子
de Söhn

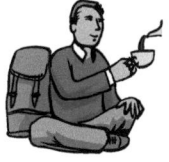

客人

de Gast

阿姨

de Tant

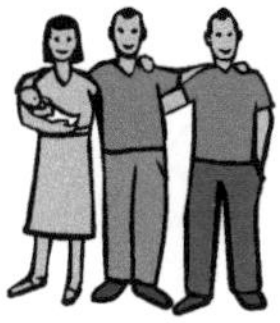
叔叔

de Unkel

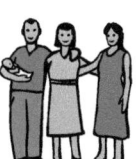

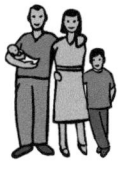

兄弟

de Broder

姐妹

de Süster

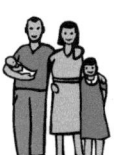

身體

de Lief

前額
de Vörkopp
眼睛
dat Oog
肩膀
de Schuller
手指
de Finger
臉
dat Gesicht
下巴
dat Kinn
手
de Hand
腿
dat Been
乳房
de Bost
手臂
de Arm

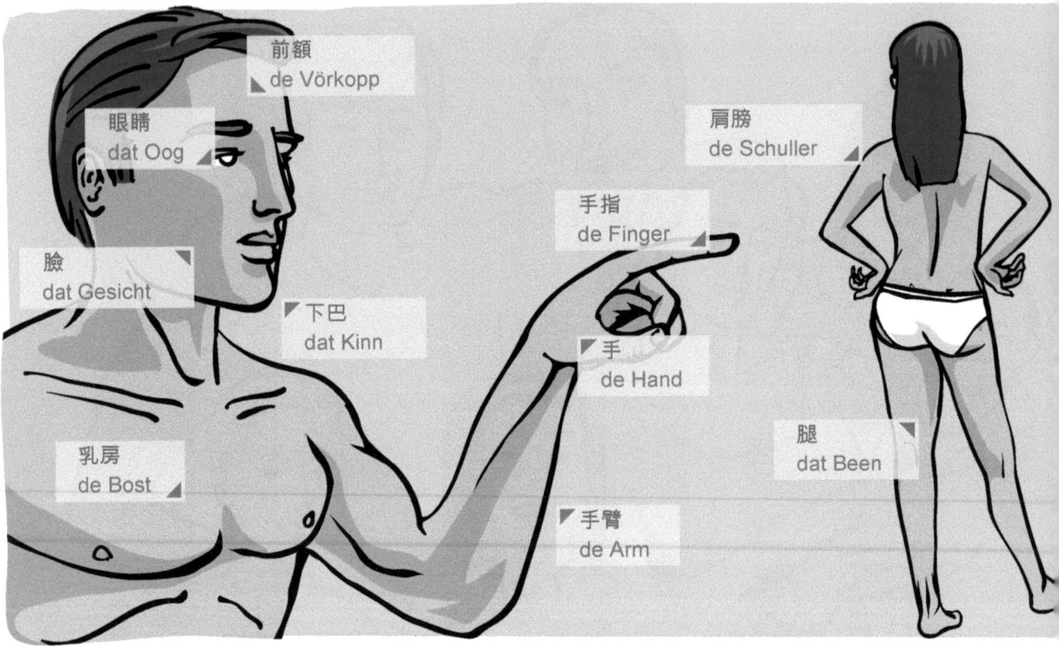

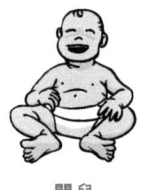

嬰兒

dat Winnelkind

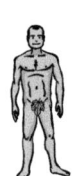

男人

de Mann

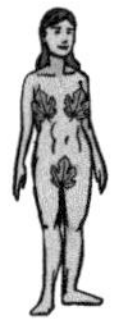

女人

de Fro

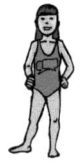

女孩

de Deern

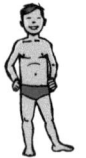

男孩

de Jung

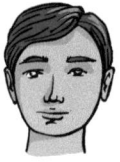

頭

de Arm

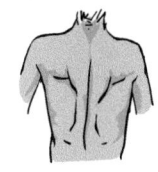

背部
de Rüch

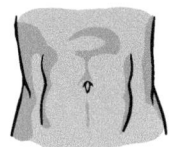

肚子
de Buuk

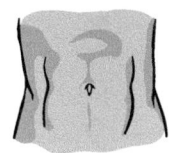

肚臍
de Navel

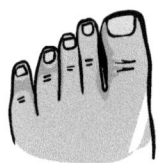

腳趾
de Teh

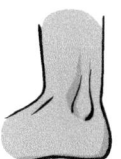

腳後跟
de Hack

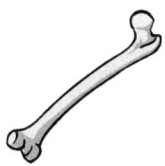

骨頭
de Knaken

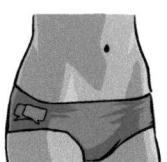

臀部
de Hüft

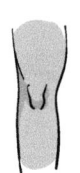

膝蓋
dat Knee

手肘
de Ellbagen

鼻子
de Nees

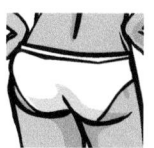

屁股
de Achtersen

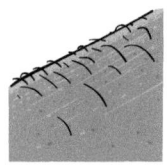

皮膚
de Huut

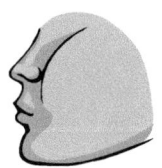

臉頰
de Back

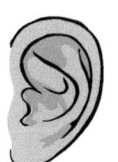

耳朵
dat Ohr

嘴唇
de Lipp

身體 - de Lief

69

嘴

de Mund

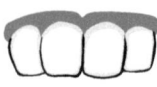

牙齒

de Tähn

舌頭

de Tung

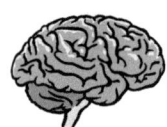

腦

de Bregen

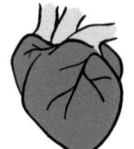

心臟

dat Hart

肌肉

de Muskel

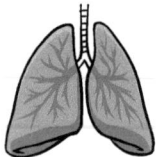

肺

de Lung

肝臟

de Lever

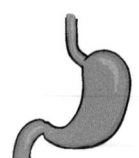

胃

de Maag

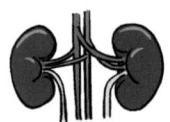

腎臟

de Neren

性交

de Bislaap

保險套

dat Kondoom

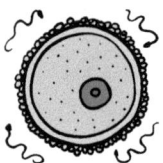

卵子

de Eizell

精子

dat Sperma

懷孕

de Anner Ümstänn

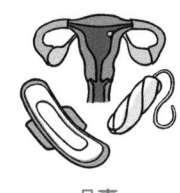

月事

de Menstruatschoon

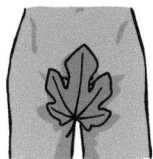

陰道

de Scheed

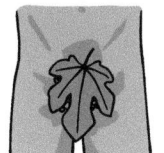

陰莖

de Pint

眉毛

de Ogenbroe

頭髮

dat Hoor

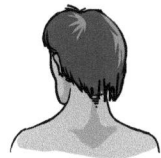

脖子

de Hals

醫院

dat Krankenhuus

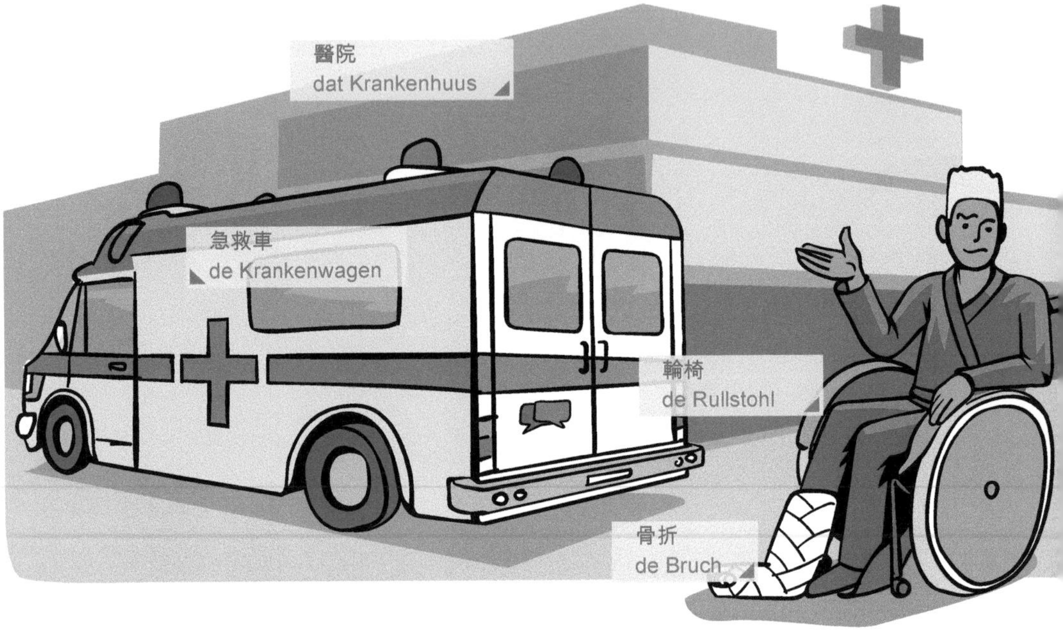

醫院
dat Krankenhuus
急救車
de Krankenwagen
輪椅
de Rullstohl
骨折
de Bruch

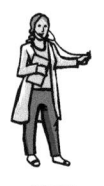

醫師

de Dokter

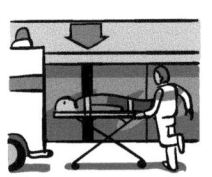

急診室

de Nootopnahm

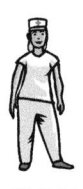

護理師

de Krankensüster

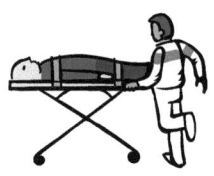

緊急情形

de Nootfall

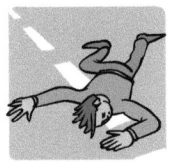

昏迷

ahnmächtig

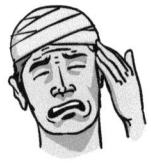

痛

de Wehdaag

受傷
de Verwunnen

出血
de Blöden

心臟病發作
de Hartinfarkt

中風
de Slaganfall

過敏
de Allergie

咳嗽
de Hoosten

發燒
dat Fever

流感
de Gripp

腹瀉
de Dörchfall

頭痛
de Koppwehdaag

癌症
de Kreeft

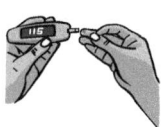

糖尿病
de Zuckersüük

外科醫師
de Chirurg

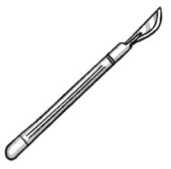

手術刀
dat Chirurgsch Mess

手術
de Operatschoon

醫院 - dat Krankenhuus

73

電腦斷層掃描

dat CT

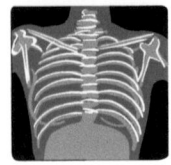

X光

de Dörchlüchten

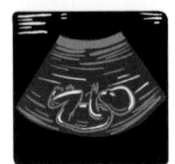

超音波

de Ultraschall

口罩

de Mask

疾病

de Krankheit

候診室

de Töövruum

拐杖

de Krück

石膏

dat Plaaster

繃帶

de Verband

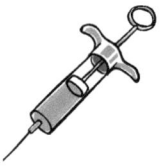

注射

de Insprütten

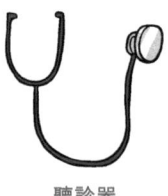

聽診器

dat Stethoskop

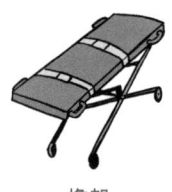

擔架

de Draag

體溫計

dat Feverthermometer

出生

de Geboort

超重

dat Övergewicht

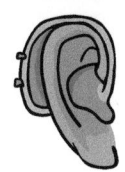

助聽器

de Höörapparat

消毒液

dat Kiemfriemiddel

感染

de Ansteken

病毒

de Virus

愛滋病

dat HIV / AIDS

藥物

dat Heelmiddel

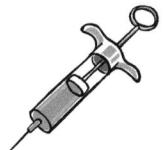

接種疫苗

de Impen

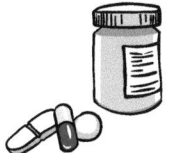

藥片

de Tabletten

藥丸

de Pill

急救電話

de Nootroop

血壓計

de Blootdruck-Meter

生病/健康

krank / gesund

救命！

Hölp!

警報

de Alarm

突擊

de Överfall

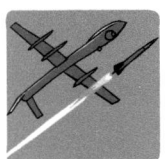

攻擊

de Angreep

危險

de Gefohr

緊急出口

de Nootutgang

失火了！

dat Füer!

滅火器

de Füerlöscher

意外

de Unfall

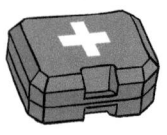

急救箱

de Noothölpkoffer

呼救訊號

SOS

員警

de Polizei

歐洲

Europa

北美洲

Noordamerika

南美洲

Süüdamerika

非洲

Afrika

亞洲

Asien

澳洲

Australien

大西洋

de Atlantik

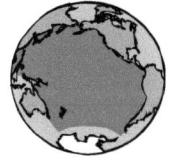

太平洋

de Pazifik

印度洋

dat Indisch Weltmeer

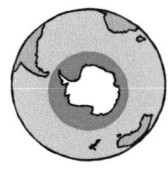

南冰洋

at Antarktisch Weltmeer

北冰洋

dat Arktisch Weltmeer

北極

de Noordpol

南極

de Süüdpol

南極洲

de Antarktis

地球

de Eerd

陸地

dat Land

海

de See

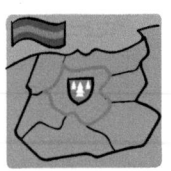

島

dat Eiland

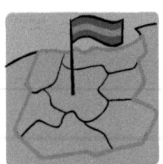

國家

de Natschoon

州

de Staat

錶盤

dat Tallenblatt

時針

de Stunnenwieser

分針

de Minutenwieser

秒針

de Sekunnenwieser

現在幾點？

Wo laat is dat?

天

de Dag

時間

de Tiet

現在

nu

電子錶

de digetaalsch Klock

分

de Minuut

時

de Stunn

週

de Week

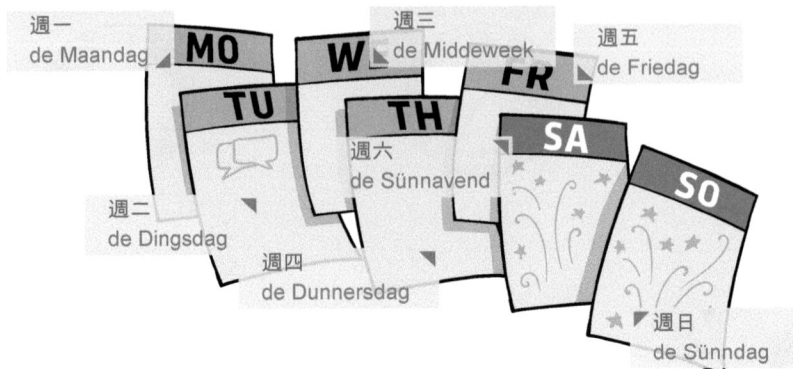

週一
de Maandag

週三
de Middeweek

週五
de Friedag

週二
de Dingsdag

週六
de Sünnavend

週四
de Dunnersdag

週日
de Sünndag

昨天

güstern

今天

hüüt

明天

morgen

早晨

de Morgen

中午

de Meddag

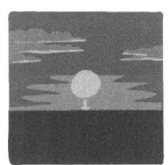

晚上

de Avend

工作日

de Arbeitsdaag

週末

dat Wekenenn

雨
▶ de Regen

彩虹
▶ de Regenbagen

風
▶ de Wind

雪
▶ de Snee

春
dat Fröhjohr

夏
de Sommer

秋
de Harvst

冬
de Winter

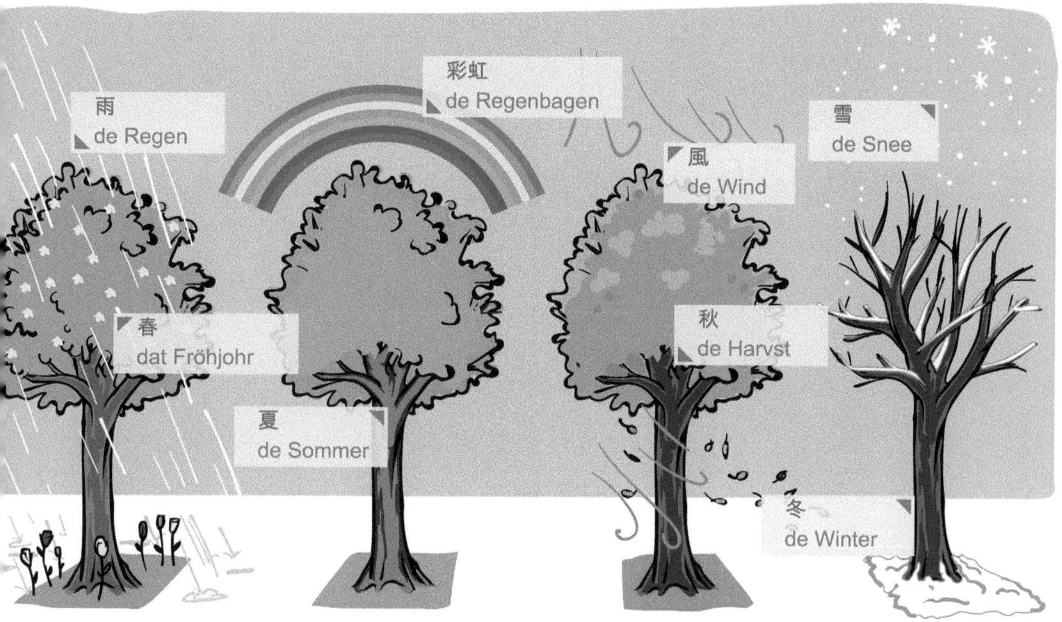

天氣預告
de Wedervörhersaag

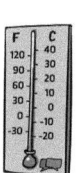

溫度計
dat Thermometer

陽光
de Sünnenschien

雲
de Wulk

霧
de Nevel

潮濕
de Luftfuchtigkeit

閃電

de Blitz

打雷

de Dunner

風暴

de Storm

冰雹

de Hagel

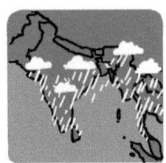

季風

de Monsun

洪水

de Floot

冰

dat Ies

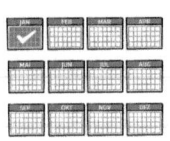

一月

de Januormaand

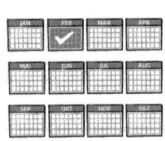

二月

de Februormaand

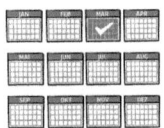

三月

de Martmaand

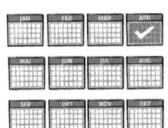

四月

de Aprilmaand

五月

de Maimaand

六月

de Junimaand

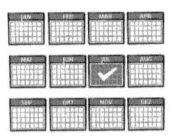

七月

de Julimaand

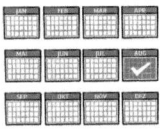

八月

de Augustmaand

年 - dat Johr

九月

de Septembermaand

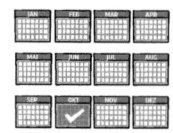

十月

de Oktobermaand

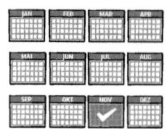

十一月

de Novembermaand

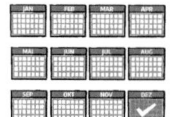

十二月

de Dezembermaand

形狀

de Formen

圓形

de Krink

正方形

dat Quadrat

長方形

dat Rechteck

三角形

dat Dreeeck

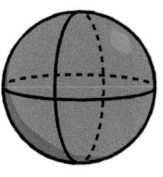

球體

de Kugel

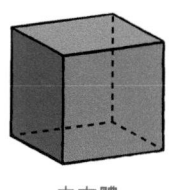

立方體

de Wörpel

白
witt

黃
geel

橙
orangsch

粉
pink

紅
root

紫
lila

藍
blau

綠
gröön

棕
bruun

灰
gries

黑
swart

很多/少許

veel / wenig

生氣/平靜

böös / verdreeglich

美/醜

smuck / mies

首/尾

de Begünn / dat Enn

大/小

groot / lütt

明/暗

hell / düüster

兄弟/姐妹

de Broder / de Süster

乾淨/骯髒

schier / schietig

完整/缺失

kumpleet / nich kumpleet

白天/晚上

de Dag / de Nacht

死/生

doot / lebennig

寬/窄

breet / small

可食用/非食用

geneetbor / nich geneetbor

邪惡/善良

böös / fründlich

興奮/無聊

fickerig / langwielt

胖/瘦

dick / dünn

第一/最後

toeerst / toletzt

朋友/敵人

de Fründ / de Fiend

滿/空

vull / leddig

硬/軟

hart / week

重/輕

swoor / licht

餓/渴

de Smacht / de Döst

生病/健康

krank / gesund

非法/合法

nich na't Recht / na't Recht

聰明/愚笨

klook / dummerhaftig

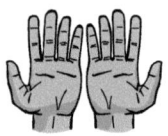

左/右

linkerhand / rechterhand

近/遠

neeg / feern

新/舊

nieg / bruukt

沒有/有些

nix / wat

老/幼

oolt / jung

開/關

an / ut

打開/闔上

apen / slaten

安靜/吵鬧

lies / luut

富/窮

riek / arm

對/錯

richtig / verkehrt

粗糙/光滑

ruug / glatt

傷心/高興

trurig / glücklich

短/長

kort / lang

慢/快

suutje / flink

濕/乾

natt / dröög

溫暖/涼爽

warm / köhl

戰爭/和平

de Krieg / de Freden

0

零

null

1

一

een

2

二

twee

3

三

dree

4

四

veer

5

五

fief

6

六

söss

7

七

söven

8

八

acht

9

九

negen

10

十

teihn

11

十一

ölven

12

十二
twölf

13

十三
dörteihn

14

十四
veerteihn

15

十五
föffteihn

16

十六
sössteihn

17

十七
söventeihn

18

十八
achtteihn

19

十九
negenteihn

20

二十
twintig

100

百
hunnert

1.000

千
dusend

1.000.000

百萬
million

英語
dat Engelsch

美式英語
dat Amerikaansch Engelsch

普通話
dat Chineesch Mandarin

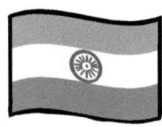

印地語
dat Hindi

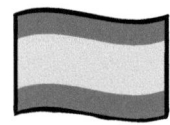

西班牙語
dat Spaansch

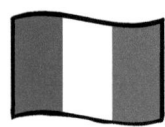

法語
dat Franzöösch

阿拉伯語
dat Araabsch

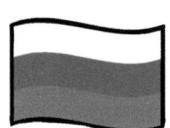

俄語
dat Rusch

葡萄牙語
dat Portugiesch

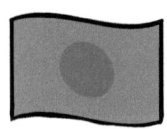

孟加拉語
dat Bengaalsch

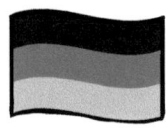

德語
dat Düütsch

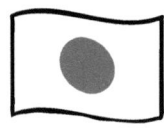

日語
dat Japaansch

我

ik

你

du

他/她/它

he / se / dat

我們

wi

你們

ji

他們

se

誰？

keen?

什麼？

wat?

如何？

woans?

何處？

woneem?

何時？

wannehr?

名字

de Naam

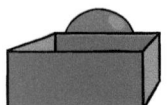

後面

achter

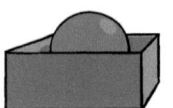

裡面

in

前面

vör

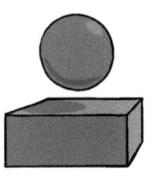

上方

över

上面

op

下麵

ünner

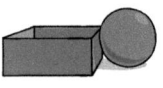

旁邊

blangen

中間

twüschen

地點

de Oort